EL LATIR DE MI CORAZÓN POÉTICO

MARÍA ESPERANZA PÉREZ ALFARO

El latir de mi corazón poético

PRÓLOGO

María Esperanza Pérez Alfaro, la de corazón sincero, alma bondadosa y carácter noble. La que siempre está dispuesta para apoyarte cuando más la necesitas. La que pudo resurgir de entre las cenizas y demostrar su valentía y empoderamiento ante las vicisitudes. Ella, mi compañera de tinta, quien continuamente está contribuyendo a la cultura, a través de sus poesías y relatos. A ella le quiero agradecer por haber depositado su confianza en mi persona para llevar a cabo la edición y publicación de su primer poemario. Asimismo, agradecerle también por su valiosa amistad que me ha demostrado en este corto tiempo que la conozco.

"El latir de mi corazón poético" es un hermoso libro de poesía (en verso libre), inspirado en las vivencias e idealizaciones de la autora, María Esperanza Pérez Alfaro, y en el que muchas veces, combina lo real con lo utópico…

En los versos de este libro podremos descubrir la autenticidad, el romanticismo y la calidad humana de la poeta, quien abordará temas como la naturaleza, la espiritualidad, la fe, la esperanza, el universo y el amor real hacia el prójimo y hacia uno mismo.

María, a través de un lenguaje conciso, esperanzador, romántico, ameno y de fácil entendimiento, reúne muchos elementos literarios que utiliza para transformar sus poemas en excelsas expresiones artísticas. Y es así como nos sorprende y purifica el alma con esta, su primera obra publicada de manera oficial (en tapa blanda), a través de la plataforma de Amazon kdp.

"Porque en el vaivén de la vida los días transcurren y siguen su curso… todo cambia, todo se renueva y todo se transforma. Al tiempo que nosotros viajamos al ritmo del espacio y del universo".

Christian Vedder

(Escritor, editor y antólogo)

DEDICATORIA

Este, mi primer libro titulado "El latir de mi corazón poético", se lo dedico a toda la humanidad tan necesitada de consuelo, fe, esperanza, y, sobre todo, de ese amor precioso de Dios.

MARIPOSA

Mariposa de muchos colores,
hoy te vi volando con tanta gracia
y con tanta fragilidad,
y admiré tu delicada belleza,
mis ojos te miraron con deleite,
parecías como si fueras
una ligera plumita
que el viento se llevó al cielo azul.

Mariposa que te posas
de rosa en rosa
con tanta delicadeza
y no las dañas,
te gusta el olor fragante de ellas,
y sabes que a mí me gustan mucho las rosas,
pues como tú eres mariposa muy linda.

Mariposa,
me has cautivado el corazón
al verte con tanta alegría
volar al compás del viento,
me has cautivado el corazón
verte casi llegar
tan alto al sublime casi cielo azul.

Mariposa,
te puedo llamar amiga,
me gusta ese nombre para ti…

¿Sabes por qué?
Porque me gusta tu manera de ser,
tan delicada
te posas con tanta alegría,
fragilidad
y elegancia,

en esas rosas bellas de los rosales
sin dañar ninguna de ellas.
¡Qué bonita eres!

Ahora te diré un secreto,
sé que nunca podré volar contigo,
cómo me hubiese gustado,
pero pensando y comparándome contigo
me di cuenta de que puedo dejar volar
libre mi ser y mi vida
en multitud de metas, de sueños,
y alcanzar triunfos brillantes de estrellas.

Mi preciosa mariposa de mi pensamiento,
de mi inspiración latente,
de mi alma,
de mi querido mundo
y de sueños.

Hoy al verte
medité que hay esperanzas de la vida,
que hay que poner a volar con amor,
con profundo optimismo
y con esa misma fe,
que tú te elevas hacia las alturas
de libertad de la vida.

LA BELLEZA DE LA SONRISA

Sonrisa,
que apareces como un lucero repentino,
como una radiante estrella llena de luz,
sales tan repentinamente
queriendo encender
como una chispa un fuego.

Sonrisa misteriosa y divina
que iluminas el sentimiento
del que te recibe en un instante,
quebrando en tu veloz vuelo
la tristeza a tu alrededor
y provocando al encuentro de esa otra vida
un viento de felicidad repentina.

Qué hermoso es verte, sonrisa,
das calor de amor y simpatía,
iluminas a tu paso una densa obscuridad
escondida en una vida,
quebrando ese sentimiento seco
y convirtiéndolo como si fuera el sonido
de un rio limpio y fresco.

Cuántas veces refrescaste
la sequedad de una vida
con tu chispa divina sonrisa,
sonrisa bella, eres mágica,
en un abrir y cerrar de ojos
empapas de alegría a uno,
o quizás a muchos en un preciso instante.

Me gusta tu chispa de luz, qué linda es tu luz,
quiero cada día que nunca falte tu luz divina,
que contagie, que conquiste y que alegre
muchas vidas y corazones.

3

LA PUERTA ESPERADA LA ABRIÓ DIOS

La vida,
qué hermosa es la vida,
hay vueltas y bajas
en el trajín de cada día,
parece un pajarito
que después de volar mucho
en el firmamento
se posa a descansar
en la rama de un árbol.

Queremos conquistar tantas cosas
en nuestros planes de estudios,
de trabajos,
amistades,
familias
y ciertamente,
a veces se nos hace
una real fatiga.

Otras veces,
la vida misma nos sonríe,
el sol brilla muy hermoso
a nuestro entorno,
nos sentimos tocando
el mismo cielo,
pero esto es momentáneamente,
pues no es una realidad
porque falta una pieza aún.

Me encuentro en esta bella vida
que me falta una pieza
para completar el juego perfectamente,
donde poder encontrarla me precisa,
qué puerta abrir,
me pregunto…

En la soledad de mi habitación
llega a mi mente
la respuesta mágica,
pero no es mágica
la palabra correcta.

Aún en mi habitación
llega una iluminación
de fe celestial,
y recuerdo a mi precioso
Padre nuestro,
ese Dios fiel
que todo lo puede,
y oro con fe.

Llega entonces
la solución perfecta,
aparece la pieza que faltaba
y se abre felizmente
la puerta buscada,
la puerta ansiada,
pues Dios,
con su perfecto amor
me abrió esa puerta
que yo nunca pude abrir
por más que lo intentaba.

ME SOSTIENE SU AMOR

Cada día puedo ver
ese invisible amor de Dios
que da vida a todo,
qué profundo y maravilloso es su amor,
a veces siento estar en el mismo cielo,
cada día viene a mi alma y corazon
el perfume de su amor.

Cada día su paz llega
como un suave viento
que calma toda angustia de mi ser.

Cada día,
cuando las tormentas de la vida me golpean
llega con ese infinito amor del alma
que calma y me consuela.

Cada día también he sentido
que las fuerzas se han ido y ya no puedo más.
Entonces, él levanta su mano poderosa,
de misericordia y le habla a mi alma,
"yo te ayudo, sigue adelante",
entonces digo, gracias, Señor,
por ese gran amor tuyo que me sostiene.

Cada día hoy quiero dar gracias a ese amor
que llena mi corazon como agua fresca,
que calma toda sed de consuelo, de justicia, de paz
y de ese dulce amor que todo lo llena.

Cada día, hoy, mañana y siempre,
gracias por ese perfecto amor
que me sostiene en cada despertar
y con el todo hasta aquí lo he podido lograr,
pues el amor de Dios todo lo puede.

¿QUÉ HA PASADO, TIEMPO?

Tiempo,
hermoso tiempo de risas,
de bailes, de parques,
de ver jugar los niños
tan alegremente.

¿Por qué estás tan solemnemente callado?
¿Por qué lloras así
con tanto dolor y sentimiento?

Tiempo, por favor, no llores,
detén esas lagrimas,
hay esperanza,
no todo está perdido,
espera, ten ánimo y ten fe.

Tiempo precioso
de aquellas alegrías,
de aquellos bullicios
de gente hermosa,
de talentos, de voces,
de cantos en teatros
y conciertos de obras preciosas,
tus talentos no han de morir,
renacerán.

Tiempo de grandes
e infinitos recuerdos,
no desmayes aún
de estas desiertas calles,
caminos, parques y plazas,
hay alguien que ama las vidas
con amor infinito,
mi amado amigo del alma, Jesús.

Tiempo del alma,
no te acobardas, no huyas,
espera a este amigo precioso del alma,
Jesús volverá a levantar todo eso dañado,
él volverá a dar vida a la solemne tristeza
y a todo aquello perdido, no te rindas,
espera un poquito nada más.

Sí, amado tiempo,
volverán las calles
a verse llenas de gente

y esas alegres risas de niños
a su alrededor se oirán,
sí, tiempo, no desmayes,
espera y ve que en Jesús
está la esperanza esperada
y la esperanza buscada.

Confía, tiempo de gozo,
de grandes cosas,
cada día volveremos a ver
esa luz que da vida a todo,
busca con amor, y recuerda que
hay una llave que abre ese amor
precioso de Dios,
la oración, no te tardes,
busca de todo corazon
y la respuesta vendrá.

LA VERDAD

Cómo poder ver todo en calma, me pregunto,
miro todo de un color gris a mi alrededor,
¿dónde está la brillantez de la luz del sol?,
si aún la noche con su bella luna la veo gris.

Quisiera que al leer un bello poema
endulzara mis pensamientos y mi alma,
y no puedo encontrar ese consuelo.
Quisiera oír palabras que me levanten
de esta debilidad en la que me encuentro,
pero ¿qué pasa?, no están…
es que alguien las escondió en algún lugar.

Me dicen por ahí que buscas,
mira bien a tu alrededor,
pues hay muchas cosas bellas, no desmayes,
pero aún no siento que está pasando
y por qué desmayo dentro de mí.

Hoy he tenido una visita no común,
es una vista que vino a traer
la medicina perfecta a mi dolor y a mi soledad,
es mi maravilloso y perfecto amigo, Jesús.

Llegó hoy con esa dulce voz,
y me dijo esas palabras de verdad…
"aquí estoy, muy cerca de ti, junto a ti,
dentro de tu precioso corazón,
toma mi mano, camina con esa pequeñita fe
que te queda, y ve brillar tu vida a la luz de mi verdad".

Qué hermosa y pura verdad,
pues mi vida se iluminó con su luz
y todo volvió a mi vida nuevamente
con mucha felicidad.

ALCANZA TU ESTRELLA

Despierto cada día
con esos sentimientos dentro de mí,
quiero alcanzar una meta,
una motivación en mi vida,
pero todo gira tan rápidamente
en este gran universo.

Al amanecer,
despierto,
abro mi ventana
y veo una preciosa columna de pajaritos
que vuelan tan alto y libremente,
y entonces pienso en mi sueño,
en mi meta que quiero alcanzar.

Camino hacia el mar,
quiero encontrar su inmensidad,
su grandeza me anima,
me da paz,
y ahí está en esa soledad,
una vez más mi sueño
tengo que alcanzarlo,
mis planes crecen
igual que la grandeza
de las grandes olas
de ese venturoso mar.

Cada amanecer vuelvo a ver,
una vez más,
la preciosa y maravillosa grandeza
de este vasto universo,
la belleza de sus árboles,
sus preciosas flores,
todo esta perfecto.

Cada mañana tuve que luchar,
pensar y hacer de mi meta
ese tiempo de estudio,
también lo hice con grandes ilusiones
y con grandes motivaciones.

Hoy,
como cada día,
mi estudio ya no es un estudio,
mi sueño ya no es un sueño,
mis ilusiones no volaron
como aquella columna de pajaritos,
mi sueño se ha hecho realidad,
he alcanzado la meta,
he alcanzado esa preciosa estrella
que parecía tan lejana,
el triunfo creído inalcanzable
está en mi mano.

Hoy,
como cada día,
querido amigo que sueñas,
no dejes que tu sueño vuele,
alcanza tu estrella,
el triunfo puede estar tan cerca,
no te rindas,
alcanza tu estrella
y brilla aun más que esa bella estrella.

LA CUARESMA

¿Qué es la cuaresma?
¿Cómo es su forma,
su concepto
y dónde la puedo encontrar?

Bueno,
me dicen que la cuaresma
es tiempo de meditar,
de pedir perdón
a ese Padre Celestial
que derramó su preciosa sangre
en la Cruz del Calvario
por ti y por mí.

Escucho que todos hablan,
es cuaresma,
hay que poner todo en orden,
acercarse a ese calor
y amor puro de Dios.

No corramos
en esta cuaresma
como ciegos,
como sordos,
como aquellos
que no entienden,
porque muchas veces
las promesas que hacemos
vuelan igual que esas plumas de aves
que no sabemos a dónde van a parar.

Entonces,
paro y pienso,
medito con mi pobre conciencia
y continúo diciendo,

cuaresma es tiempo de meditar,
de acercarse a ese amoroso
Padre Celestial
que nos ha dado la vida,
y buscar su perdón,
pues su santidad así lo necesita
de ti y de mí.

Viene una dulce voz
a mi corazon y alma
que me susurra tan dulcemente,
es bueno venir a mí
en esta cuaresma,
pero quisiera no solo llegar
en esa cuaresma a tu vida,
yo quiero habitar en tu corazón.

Una vez más su dulce voz
golpea dulcemente,
llena de amor y me dice
quiero estar contigo,
hoy en esta cuaresma
quiero estar siempre
acompañándote para guiarte,
consolarte,
enseñarte
y mostrarte la senda
del camino de la verdad y la vida…
yo soy tu amigo, Jesús.

LAS GRACIAS Y EL REGALO

Cada día hay cosas
que nos parecen pequeñas,
Quizás,
y en otras ocasiones grandes,
tal vez.

Qué bonito ver cada amanecer
el sol brillar,
y así mismo,
llegan las oportunidades
de dar gracias
y que palabra más llena de armonía
pareciera, tal cual,
melodía al alma.

Mis labios se mueven,
tal cual,
palomitas que vuelan
y dicen gracias,
gracias con mi corazón
palpitando de alegría.

¿Qué ha pasado hoy?
Es que recibí un lindo regalo,
y mis labios,
se apresuran junto con mi corazón
a decir gracias.

Pero rápidamente
mi pensamiento se detiene
y piensa,
¿qué pesa más en la balanza?,
y me vuelvo a preguntar,
¿qué pesa más en la balanza de mi aprecio?

El regalo quizás,
o mi agradecimiento de corazón
con el cual di las gracias.

Mi meditación continúa y suma,
piensa,
qué bueno es el regalo,
es muy lindo,
pero puede tener un rumbo acabarse,
sin embargo,
las gracias permanecen
con profunda gratitud,
tal cual el ancla de un barco.

Gracias,
benditas gracias que unen,
que edifican puentes,
castillos que siembran,
igual que el sembrador
granó la tierra
y dan fruto,
es así mismo
que sembramos alegrías,
ilusiones
y el triunfo de unir
amistades de corazón.

Gracias,
cada día iluminan
nuestro bello universo,
con mucho amor…

GUARDADO EN EL CORAZÓN

Es que recordar es volver a vivir,
me pregunto,
y luego también me contesto
si recordarte perfuma mis sentimientos,
igual que la fragancia
de un grato perfume.

Es que los momentos vividos junto a ti,
tu amistad es como notas musicales
que le dan paz al alma,
parece viajar por un instante
como ir al mismo cielo.

Es que han pasado los días
como si fueran vientos
que refrescan con tanta satisfacción,
es que han pasado los años
y tu recuerdo aún está vivo,
latiendo con tanta alegría
aquí en mis sentimientos.

Es que tu recuerdo no pudo morir,
pues quedó guardado en el corazón,
quedó guardado
como la joya más preciosa.

Pero cómo puedo explicar
que sí existen los sentimientos
puros y limpios,
así mismo,
como ver el más puro
y limpio río cristalino
que todos lo pueden ver
sin nada que temer,
sin nada que ocultar.

Es que tu sincera amistad
colmó mi vida
de tanto consuelo
y tanta alegría.

Es que no tuve que pagar
para encontrarte,
es que,
aunque pasó tanto tiempo,
tu amistad no pudo nadie quitarla,
aun algo más creció,
igual que un rosal bello en primavera.

Es que,
aunque no te he vuelto a ver,
tu amistad aún perfuma
como el mejor perfume
de recordar gratamente.

Es que eres en mis recuerdos
como esa joya
que se guarda por ser valiosa,
por su valor,
es que tú estás
aún guardado en mi corazón.

PEDRO EN LA BARCA

Pedro estaba en una barca
cuando las olas se movían,
¿qué es lo que pasaba internamente en Pedro?
Pero Pedro fijó su mirada en las aguas,
es que quizás,
tú, Pedro,
tenias dudas grandes en tu espíritu,
es que quizás el orgullo natural
te hizo creer y dominar
con tu fuerza todo.

Fue entonces
que vino la voz del Señor a llamarte,
a probarte,
a salir de la barca
y caminar con fe
sobre esas bravas olas de aguas.

Bueno, Pedro,
tuviste ese privilegio de ver al maestro,
al Señor, a Jesús,
que te dio esa orden,
"ven Pedro",
y sí obedeciste,
pero luego vino ese terrible miedo
y casi no pasas la prueba.

Es que Pedro,
tu fe tambaleaba,
igual que esas aguas
que se movían,
es que tu orgullo te dominaba.

Pedro, aun en este día
existen otros como tú, Pedro,

con tu ímpetu fuerte,
enojados,
regañones,
orgullosos,
pero eso sí,
con ese amor a Jesús.

Una cosa real,
no importa si somos como Pedro,
pero lo más importante
es poder conocerle,
poder estar dentro de esa barca,
cerca de su presencia
y de su salvación.

Pedro,
hoy nos dejaste una gran lección,
tu vida muestra una gran verdad,
que, aunque miraste
esas olas que te dieron tanto miedo,
no te corriste,
aunque sí dudaste,
pues la fe se te debilitó,
pero Jesús llegó a tiempo
y te ayudó… te amo.

Qué hermoso es estar en esa barca
y esperar como tú,
Pedro, ese milagro de Jesús,
él es fiel y lleno de amor.

LA RESPUESTA DEL MILAGRO

Alma mía,
cada día buscaba y me preguntaba,
¿hasta cuando esperaré la respuesta
de mi necesidad de mi anhelo?

Llega el amanecer,
sale el sol radiante en su esplendor,
y corriendo el tiempo
y esperado llega la luna
con su brillantez y belleza serena,
pero todo es bello,
sin embargo,
no hay respuesta alguna
para el alma mía.

A dónde subiré a buscar
la necesidad de mi alma
y de mi vida misma,
¿será que tengo que buscar
en esa preciosa montaña de paz y belleza?

Bueno,
no hay respuesta alguna.
Me pregunto,
¿cuánto podré soportar
ese dolor de mi alma y cuerpo?

Mi vida desfallece,
casi se apaga
toda esa luz maravillosa de mi fe,
pero esa fuerza invisible del amor de Dios
me sostiene,
la respuesta es un milagro,
tan solo un precioso milagro.

La respuesta anhelada no la pude encontrar,
ni en la espera de ese sol radiante de cada amanecer,
ni en la quietud de la tenue luz radiante
de la luna en su esplendor,
ni comprándola con toda la riqueza que pudiera tener,
pues no se compra, no tiene precio.

Fue entonces que recordé a mi precioso Creador
del cielo y de la tierra,
y con todo el dolor de mi alma y ser
elevé una oración de confianza de seguridad
y, sobre todo,
con todo el amor de mi alma.

La respuesta precisa llegó suavemente,
quietamente todo aquel dolor
desapareció instantáneamente,
todo mi ser quedó libre
con una libertad mágica,
pero no,
esto no se trata de llamarle magia,
es la respuesta buscada,
la respuesta esperada,
llegó el bello Milagro,
regalo de Dios a la necesidad
de mi alma y de mi vida.

Hoy,
con una inmensa gratitud de mi ser
puedo decir,
Dios no llega ni antes ni después,
la perfección de su respuesta
llega tan perfecta a su tiempo
como mi precioso milagro llegó.

MI SOCORRO LO PUEDE ENCONTRAR

Pasando hoy,
pasando mañana,
y no puedo encontrar una salida,
un escape para mi alma que me atormenta,
me siento atrapada como en un laberinto
sin saber donde esta la solución
tan importante a mi necesidad.

Aún mis pies se empiezan a cansar,
el camino es largo,
es un camino lleno de arena,
y la soledad reinante a mi paso
lo hace aún más pesado y difícil,
¿por qué será esto tan difícil?,
me pregunto,
y el silencio de mi alma
tampoco tiene una solución alguna.

Me empiezo a sentir vacía,
cansada de ese camino tan largo y desierto,
pues en mi lucha pensé que habría alguien
que me pudiese ayudar a encontrar
cuál solución seria la perfecta.

Pero no hay nadie que me pueda decir una palabra,
el perfecto consejo que yo he buscado,
y sigo mi caminar sola
con esa fe latente de mi alma.

Entonces,
en mi alma se enciende una luz divina
que mueve todo mi ser,
y viene una hermosa palabra sabia
que alumbra toda la oscura tristeza
y todo se vuelve luz radiante

y la salida perfecta que yo buscaba
esta bien cerca ahí…
está la perfecta solución.

Mi socorro llegó de Dios,
él pudo parar ese camino seco
y desértico de arena,
él pudo quebrar el cansancio de mis pies
y de mi alma,
él puso una puerta abierta a ese laberinto
que yo por más que lo intenté
nunca pude ver su salida.

Hoy, mi cansancio desapareció,
mi soledad se esfumó
y mi angustia desapareció instantáneamente.

Tengo un canto de alegría,
es un canto que sale de mi alma y sentimientos
con inmensa gratitud a mi perfecto Padre,
creador del cielo y de la tierra.

El socorro que yo busqué
por ese desierto de mi caminar
en un momento lo encontré,
en su fidelidad,
en su gran bondad
y amor llenando mi necesidad.

Gracias, Dios, tú eres fiel
cuando te pedimos con amor y fe,
llenando fielmente esa necesidad
que nadie la puede llenar
más que tu divino amor,
gracias por ser ese socorro perfecto
que ilumina todo con tu preciosa luz divina.

LA VERDAD DEL AMOR

Mi mente se pone a pensar
en una simple palabra de cuatro letras, amor,
¿por qué es tan importante esta palabra?,
tiene una magia y fuerza única.

Qué bonito decir amor,
parece que queremos tocar
con un viento invisible para consolar,
para dar cariño sincero,
o quizás agradecer simplemente.

Mi alma y sentimientos se inquietan,
igual que esas grandes olas gigantes del mar
que a veces se elevan tan altas
y después se arrepienten,
retroceden para después bajar,
es que comparo,
acaso de qué tamaño es el amor.

Es que no encuentro la respuesta precisa,
la respuesta correcta de porqué el amor no se ve,
pero se siente,
hablo de ese amor al prójimo incondicional,
limpio como ese blanco cielo majestuoso.

Es que cuánto amor puede haber en el alma,
en los sentimientos,
pues me pregunto y me respondo,
creo que una inmensidad,
pues no hay límites,
se da cada día gratuitamente
como regalo a la vida.

El amor es el centro de la vida,
el que hace posible

que todo tenga un valor,
que edifica perfectamente
este maravilloso universo.

Bueno,
algunos creen que el amor
son esas pasiones bajas
que dañan la vida y el alma,
qué ceguedad,
qué error más grande.

El amor es un precioso milagro,
un don divino bajado del mismo cielo,
regalo del Dios Padre, lleno de amor,
este sí es el verdadero amor
que todo lo puede,
todo lo sufre,
todo lo soporta
y nunca deja de ser.

Amor es aquel que respeta
y da todo sin esperar nada a cambio,
aquel que hace florecer
con tanta belleza todo a su paso,
pareciera un maravilloso rosal
de preciosas rosas que perfuman
con tanta belleza y felicidad.

EL TIEMPO Y LA ESPERANZA

Me pregunto, ¿hasta cuándo, o, mejor dicho,
cuánto tiempo esperaré mi sueño?
Es que acaso mi esperanza que tengo
se ha esfumado igual que neblina que se desvanece,
es que mi esperanza a desfallecido con el tiempo.

Es que estoy corriendo porque quiero
alcanzar mi sueño en esta vida,
es que quiero alcanzar esa meta soñada de mi futuro.
Pero pasa que ni el tiempo dedicado
ni la esperanza fuerte de mi alma,
por más que me esforcé
pude llegar a completar mi sueño dorado.

Sabes una cosa,
si estoy luchando y corriendo
con el tiempo y la esperanza
viva de fe en mi alma,
voy a conquistar mi meta del futuro
y mi sueño dorado.

Con mucha alegría quiero decir
que he luchado con el tiempo,
nunca solté mi esperanza del alma,
valió la pena tener esa esperanza de fe
puesta en mi alma,
tengo la meta completada,
alcancé el triunfo anhelado para mi futuro.

Con mis sentimientos llenos de alegría
quiero decir estas simples palabras,
no te rindas, el triunfo llegará a su perfecto tiempo
y nunca dejes que esa esperanza
de tu sueño se escape,
vuela alto y alcanza tu estrella de triunfo.

LA ROSA ROJA Y TÚ

Recordando mi vida me encuentro
y me parece que bajo y subo
igual a una cometa de bellos colores
que vuela libremente en el espacio del cielo.

Es que subo como si voy al mismo cielo
cuando recuerdo tantos detalles de correr,
jugar y reír libremente, sin pena al que dirán,
es que son los tiempos inocentes puros de juventud.

Es que bajo cuando recuerdo aquellos tiempos,
cuando pensé que todo lo sabía sin ser así,
pues recibí corrección de un lado y de otro,
parte del aprendizaje, pues siempre habrá
alguien que te podrá enseñar y corregir.

Llegó a mi vida una linda amistad,
al tiempo una visita, un regalo cada día,
una preciosa rosa roja que, a mis manos,
bajo una pura y sincera amistad quiso llegar.

La visita, el correr del tiempo, la preciosa rosa roja
y las palabras de respeto y cariño hicieron crecer
una hermosa amistad de comprensión y mucha felicidad.

Cada vez en ese tiempo la visita,
el regalo fiel cada día de esa preciosa rosa roja
puesta a mis manos, más la mirada tuya
llena de cariño se convirtió en un amor sincero.

Hoy no puedo explicar si fue la rosa roja,
si fue el marcar del tiempo lo que nos unió,
pero solo puedo decirte que el verdadero amor
finalmente nació, entre tú y yo…

LAS ESTRELLAS DE LA TIERRA

Qué hermoso contemplar
el cielo azul
una noche callada,
cuánta paz viene a nuestro ser.

Qué hermoso ver el cielo azul
en una noche de luna,
que inmensa luz derrama hacia la tierra
y todo lo ilumina
con un brillo espectacular.

Mirando siempre el firmamento
en una noche preciosa,
veo multitud de estrellas,
esto es de gran belleza,
cuánto deleite hay
que no quisiera parar de mirar extasiado.

Pero también he visto estrellas
aquí en la tierra,
que brillan iluminando tu vida y la mía
con un brillo radiante se han bajado
del mismo cielo,
me pregunto,
¿pero no es así?

Ciertamente hay estrellas,
aquí mismo,
junto a ti,
junto a mí,
con ese brillo de una sonrisa,
de un abrazo,
de un consuelo,
de una tierna mirada
y de un logro del talento

de su propia vida
alcanzaron ese triunfo en su carrera
y brillan, tal cual, radiantes estrellas.

Estrellas de la tierra
iluminan este mundo
con ese talento de sus vidas,
ya sea cantando, tal cual,
pajarito enseñando una clase de arte
y literatura, son tantas estrellas
de la tierra para enumerar ahora.

Estrellas de la tierra son esos hombres
y mujeres que decidieron dar la luz
de sus talentos iluminando
y dando alegría a este vasto
y maravilloso mundo,
qué preciosa luz dan cada día
llenando todo con dicha y felicidad.

Gracias nos dan hombres y mujeres
que brillan tal cual estrellas
en el firmamento
con sus vidas y atributos
llenan de riqueza la vida
con esa bella humanidad
interna de ellos.

JESÚS, EL CONSUELO DEL ALMA

Jesús,
¿qué sería mi vida sin ti?,
¿qué sería mi vida si no hubiese abierto
la puerta de mi corazón?,
cuando tú con tu precioso amor
tocaste a mi vida.

La vida es un ir
y venir continuamente
de momentos que golpean
igual que un mar embravecido,
unas veces más fuerte que otros.

¿Cómo poder resistir sin ti?,
mi querido amigo, Jesús,
consuelo del alma mía.

He estado parada cada día,
a veces a punto de desmayar,
no he caído tu mano firme
de amor sublime,
por mí ha estado ahí,
no te veo, pero te siento,
y completas todo
con la obra bella de paz
y gozo que dejan tus huellas
de amor perfecto.

Jesús,
tu fidelidad grande
cada amanecer alcanzó mi vida,
mi alma, al igual todo mi ser,
a veces ciego de tu preciosa verdad,
pero me alcanzaste con tu amor.

Jesús,
las tormentas de la vida
quisieron confundirme,
me quisieron derrumbar mis planes,
mis sueños en esta vida,
pero no fue posible destruirme,
pues tú estabas ahí junto a mí
con la fuerza de tu inmenso amor.

Jesús,
consuelo fiel de mi alma,
hoy sé que caminando junto a ti
puedo todo resistir y no caer
ni a la derecha ni a la izquierda,
sino que con esta fe
que fui aprendiendo
de a poquito a poquito
veré la gloria maravillosa
de tus obras de amor.

Jesús,
consuelo del alma mía,
contigo encontré un tesoro,
pues tú tienes todo perfecto
en el caminar de mi vida,
tú eres el perfecto amigo
y consuelo del alma mía.

EL TIEMPO Y TU AMOR

Qué bello es el tiempo,
todo lo marca,
todo lo ordena
y da la satisfacción
perfecta a tu vida,
a mi vida,
pero tiempo también
que se escapa,
igual que una tierna neblina
que se desvanece lentamente.

Marcamos tiempo
para cada detalle importante cada día,
para ese preciso trabajo,
para cumplir,
para una escuela
con una clase que aprender.

Plantamos un fruto
y ansiamos verlo ya rápidamente,
pero no es posible,
no puede ser,
hay un tiempo que esperar
con mucha fe y paciencia.

El tiempo precioso
del amor a tu vida
y a la mía llega
un día inesperado,
no buscado,
no planeado,
es el del perfecto amor
que llega a tu vida
como un regalo de Dios.

Hoy, tú,
amado mío,
no buscado, no esperado,
has llegado a tocar
la puerta de mi alma,
la puerta de mis sentimientos
y precioso corazón.

Esto fue logrado
entre tu tiempo y mi tiempo
sembrando en ese tiempo
tu sincero amor.

Tiempo precioso mío,
tiempo de la vida,
la soledad me marcaba,
pero llegaste tú,
amado mío,
a quebrar esa soledad.

Con el tiempo de tu sincero amor,
pero hoy no camino sola
en este correr del tiempo,
porque estás tú a mi lado,
corriendo juntos
un mismo tiempo con tu amor.

LIBERTAD

Pienso y vuelvo a pensar,
qué bonito es ver todo
con la limpieza de la libertad,
la que no esconde nada,
la que no teme nada,
la que deja volar sus sentimientos
con valor y libertad sincera.

El paso de mis años ha pasado
y puedo sentir esa libertad viviente
que marcó unas huellas a su paso,
grabadas en la imaginación
de mis recuerdos
sin nada que ocultar
y sin nada que temer.

Cuántas veces he hablado,
me pregunto,
sin nada que temer,
la razón sin duda
es que la libertad
a mi lado hizo todo perfecto,
esa simple libertad
que hace todo tan libre
como una mariposa
que vuela libremente.

Libertad,
linda mía,
que expresa firmemente
lo que siente
sin nada que le asuste
o le espante,
es porque es
la sincera libertad reinante.

Libertad,
que hace y deshace
grandes causas
para defender un propósito
que pueda ser recordado
igual que decir recordar es vivir.

Libertad,
que une en comprensión,
edificación,
sinceridad,
compromiso,
es como un perfecto
ramo de flores
que se admira tanto
por su gran belleza.

Libertad preciosa,
tu valor es único,
maravilloso,
todo lo pones a la perfección,
todo es limpio
como blanca nieve,
nada que temer,
qué precioso es pararse
en tu dignidad,
que brilla como
esas preciosas estrellas
en el firmamento,
que brillan con valor
en ese cielo azul bello.

Libertad mía,
he aprendido a apreciarte,
pues tú me has hecho libre
para vivir libre sin temor,
qué preciosa eres
libertad de mi vida.

¿QUÉ ES EL AMOR?

Meditaba que cuando era pequeña
recibí un beso a la hora de acostarme
de mi linda madre,
y ese caluroso abrazo de mi padre,
qué bonito amor sentí,
y aún ese recuerdo
que perdura en mi alma
y corazón.

Me sigo preguntando,
¿qué es el amor?,
¿qué color tiene?,
¿es ese rojo de corazón
del día del amor?,
¿es ese perfume exquisito
de jazmines que tanto me gusta?

Amor de mis sentimientos,
de mis preguntas,
tienes solo cuatro letras
fáciles de escribir
y con tanto sentimiento
de pronunciar con ese calor del alma.

Amor, le decimos a alguien por gratitud
y le decimos con tanta fuerza
de nuestro ser a esa persona amada.

El amor envuelve nuestra vida
como el regalo más costoso
que podamos dar o recibir,
nos envuelve con lazos eternos
de cariño, gratitud, confianza,
ilusiones, esperanzas, sueños,
y con ese sello perfecto del amor.

Amor,
tú lo llenas todo,
lo completas todo a la perfección,
no falta nada, no se necesita más
que esa fuerza maravillosa
e invisible de tu esencia divina.

Amor,
¿dónde naciste?,
¿cómo te formaste?

Eres ese tesoro de sentimiento
que se esconde
en lo profundo del alma
y del corazón.

Eres bajado del mismo cielo,
lleno de tantos valores y pureza,
y haces todo amor perfecto
con valor eterno pleno
de muchas alegrías y felicidad.

CIELO Y TIERRA

Cuánto puedo decir
vuelan mis sentimientos y emociones,
como mariposas libres
llenas de gracia y felicidad.
Caminando en esta tierra bella
un día viajé a una preciosa montaña,
mi nariz huele un fresco aroma,
es eucalipto de unos verdes y hermosos arboles.
Tierra linda y bella
formada tan perfectamente
por nuestro amante Creador.

Pasa algo ahora,
como si le diera la vuelta
a una pagina de un libro,
todo cambió en cierta parte
de tu universo, tierra linda,
estás con dolor y llanto
por las guerras y las injusticias sociales.
Bueno, tierra bella,
algunas veces el cielo se lleva
a algunos a morar al cielo azul
de paz y grandeza.

Tierra y cielo juntos
combinan perfectamente
para darnos tantos beneficios,
voluntad de nuestro Padre amante y Dios.
Cielo eres limpio y majestuoso
lleno de lunas, estrellas y ese precioso sol
que sale fielmente por el amanecer.
Ahora, tierra linda y cielo bello,
solo Dios, el Creador,
les dio esa maravillosa existencia
para bien de toda la humanidad.

SINCERIDAD

Sinceridad,
¿qué es sinceridad de la vida?,
es acaso un importante propósito
para cumplir,
es más que eso,
la sinceridad es un atributo
de nuestro carácter.

Sinceridad preciosa de la vida,
me has conquistado,
he pasado sintiendo
en lo profundo de mis sentimientos
tu grandeza,
refrescas como las aguas
de un lago sereno y tranquilo.

Sinceridad,
tu delicadeza
y fuerza de belleza
brilla como la transparencia
de un fino cristal,
pues se ve igual a los dos lados,
nada que esconder
y nada que ocultar.

Sinceridad,
muchos no quieren
que estés a su lado,
pues caminan
en la oscuridad reinante de la vida,
y tu preciosa luz
no va con la oscuridad jamás.

Sinceridad,
hoy en mi vida
hay un ramo de felicidad,

me has sonreído,
en mi caminar he hallado
muchas riquezas,
no materiales,
sino la de amigos
que aman tus atributos
de sinceridad,
mi alma está satisfecha
y en paz.

Sinceridad,
eres de una belleza muy hermosa,
unes con lazos preciosos y firmes
los verdaderos propósitos
de la grandeza de la vida,
tu belleza escondida
en el sentimiento y carácter humano
vale mucho, igual que decir
el buen nombre vale más
que las muchas riquezas.

Sinceridad de mi vida,
de mi alma,
quiero que brilles en mi vida
igual que el precioso sol
que sale para todos.

Sinceridad,
quiero que brilles en mi vida
como una multitud de estrellas
en el firmamento
dando belleza todo el tiempo.

Sinceridad,
caminemos juntas
para ver brillar sonrisas
y satisfacciones con propósitos
cumplidos con mucho amor.

LA TORTUGA EN EL MAR

Mar,
eres maravillosamente majestuoso,
con la belleza de tus muchas aguas
y es tan precioso ver el vaivén de tus olas
que bailan con tanta fuerza y gracia.

Mar, que abrigas
dentro de tu mundo maravilloso
tantas especies de animales marinos
que se agradan de tus frescas
y continuas aguas,
y viven apegados a ti confiadamente.

Mar de mi vida,
he pasado tantos momentos
mojando mi vida y mi cuerpo,
has dejado huellas
de recuerdos inolvidables en mi ser
llenos de paz y felicidad.

Mar,
un día tan especial recibí
cuando estaba extasiada,
viendo el vaivén
de tus coquetas olas bailarinas,
sabes qué me impresionó,
una pequeña tortuga
caminando en la arena
de tu playa lentamente.

Mar,
que en tus playas
dejas unas preciosas conchas
de colores muy lindos.

Mar,
quiero aclararte
el encuentro que tuve
con esa tortuga
de tu universo,
caminaba lentamente
y quedé inspirada.

Mar,
mi inspiración fue muy bella,
pues comprendí
que unos no podemos correr
para resolver los afanes
de la vida,
y al igual a esa tortuga
lentamente avanzamos,
pero también podemos llegar
y lograr grandes triunfos
en la lucha de la vida.

Mar,
no es de los fuertes,
como tu majestuosidad,
la victoria,
sino que también los débiles
y pequeños,
al igual que la tortuga lenta
pueden lograr
grandes cosas en la vida.

LA BELLEZA DEL ALMA

Miro un pajarito
buscando el horizonte de la libertad,
alzo mis ojos hacia el cielo
para ver la belleza del azul cielo
una noche radiante de estrellas,
qué belleza es ver
esa noche el firmamento.

Mi corazón late con fuertes sonidos,
como el repicar de una sonora campana
escuchando en el sentir de mi corazón
que es belleza, porque decimos qué belleza.

Entonces,
como si fuera un pequeño colibrí
que vuela tan ágilmente,
sigue esa palabra volando
en mis sentimientos,
y la admiro,
suspiro
y exclamo,
¡qué belleza tan real y maravillosa!
La de una rosa roja
que resalta de sobre manera
en las ramas de un rosal
por su forma y belleza.

Belleza de un arcoiris
que se asoma repentinamente
sin previo aviso,
deslumbrando con su radiante colorido.

Pero me paro firmemente
en un instante,
y en mi soledad me pregunto

y me contesto,
¿en qué momento decidimos
decir qué belleza?,
y es nada más
porque trasciende lo bonito
y sobrepasa,
entonces es realmente
una hermosa belleza.

Mis sentimientos continuaron pensando
aún más en la belleza,
la del mar y su grandeza,
las montañas con sus riquezas naturales,
el firmamento
con la belleza de una noche
de brillante luna y estrellas.

Pero se detuvo mi pensamiento
como si fuera un bello reloj
que paró por un instante
de dar la hora perfecta.

Y entonces,
descubrí la mejor
y más preciosa belleza,
la del alma,
aquella belleza interna preciosa
que es de gran honra y estima,
todo el tiempo la belleza del alma
es muy valiosa y es eterna.

MI ÁNGEL

Ángel,
precioso nombre de gran significado
de belleza esplendorosa angelical
y tu poder fuerte,
como un ejercito sin ser ejercito.

Eres más que eso
criatura divina de Dios.
Ángel mío,
de mi guarda te llamo,
te busco y no te encuentro,
solo siento tu presencia
divina de amor.

Ángel mío,
te quiero ver y
te llamo por la mañana,
te llamo por la tarde,
y al llegar la noche, te llamo,
pero, aunque no te puedo mirar,
mi fe me dice que estas ahí.

Ángel mío de mi guarda,
mi madrecita me enseñó
una linda oración
para hacerla antes de dormir,
y saber que en mi pequeñez
estabas ahí, cuidándome
con ese amor sublime
y celestial de Dios.

Ángel mío,
he caminado
en medio de tantos peligros
en este mundo lleno de serpientes,

leones y peligros,
y te has puesto con tanto fiel amor
delante de mí,
guardando mis pasos
de caer y de tropezar.

Ángel mío,
en mi caminar
sintiéndome tan agradecida contigo
te he querido ver, abrazarte
y darte las gracias
por tu preciosa compañía angelical,
pero nunca fue posible
y solo pude sentir tu presencia
como una muralla
de cristal transparente
como el mas fino diamante.

Ángel mío,
tu fidelidad para cuidarme
ha dejado huellas de gran enseñanza,
la de darme tu precioso amor
para ser mi vigilante fiel y fuerte
sin paga de mi parte,
pero si sé que Dios te ha puesto
con ese amor sublime,
celestial y único.

Gracias,
desde el fondo de mi corazón,
por ser mi precioso ángel guardián
desde hoy
y hasta el fin de mi existencia.

LOS RECUERDOS

Evoca mi alma un pensamiento fugaz,
así mismo tan sorpresivamente
como si fuera una pequeñita luciérnaga
que ilumina suavemente la quietud de la noche.

Evoca mi alma aquellos preciosos recuerdos
de mi vida, solo al pensarlos
es como si fuera mi cumpleaños
y me encienden esas velitas
para soplar un deseo latente
del fondo de mi corazón.

Han pasado las preciosas estaciones,
verano, invierno, primavera y otoño,
al igual que gran número
de mis años de vida,
y aún mis recuerdos siguen ahí
guardados en mi alma y corazón
como las más valiosas joyas.

He recordado hoy,
y me he imaginado por un instante
una linda escalera subiendo
al mismo azul cielo,
y es tanta mi imaginación
que en cada gradita de la escalera
parece estar escrito palabras que dicen así,
"has hecho muy bien,
aquí están tus gratos recuerdos".

Es que la vida me ha regalado tanto
que ni el infortunio que pasó
como un torbellino fuerte pudo quebrarlos,
es que la fuerza de mi voluntad venció,
es que el amor que Dios puso en mi corazón

triunfó sobre la adversidad,
y mis recuerdos se formaron
con ramos de belleza y felicidad.

Recuerdos de mi alma y corazón,
recuerdos de mis sentimientos
que hermoso se mueven en mis emociones,
parecen esas bellas olas del mar
que se mueven con tanta alegría y belleza.

Gratos recuerdos, me han enseñado tanto,
es como tener un gran maestro
dentro de mi casa, he aprendido
gran sabiduría dentro de mi ser.

Solo quisiera concluir de esta sincera manera,
los recuerdos son parte de nuestras vidas,
y, por tanto, hagamos cada día
esos gratos recuerdos que llenen de luz,
de motivaciones y de felicidad.

Con mi corazón lleno de gratitud me sonrío,
y puedo decir de lo profundo de mis sentimientos,
"recordar es volver a vivir".

LA FE

Mi vida, tal cual
las olas del mar van y vienen,
cosas de la vida, a veces me ha parecido
como un barco a la deriva en donde parar,
donde encontrar esa solución inquietante
del trajinar, de la existencia misma
y la fe es unida a la vida.

Vida mía, eres un regalo de Dios,
pues mi madrecita un día me regaló
ese derecho de nacer milagro de Dios.

Sí, vida mía, estás parada sola
mirando con ojos de fe
ese horizonte de luz de cada amanecer.

Y yo sola contigo,
preciosa fe de mi alma,
estamos frente a un torbellino
de inquietantes vicisitudes de la vida,
pareciera que no hallamos
en ese laberinto de pensamientos,
la solución y la salida.

Es entonces que juntas alcanzamos
la fuerza de romper el cascarón del huevo,
de romper los obstáculos del camino
y tomamos esa bendita palabra de Dios
que dice, "si tan solo tuvieras fe
como un grano de mostaza,
la montaña se movería",
¿cuál montaña?, nos preguntamos,
es esa montaña que no deja ver
la luz de la respuesta perfecta.

Entonces, fe, don de Dios,
regalo de Dios a mi alma y corazón,
junto a ti alcancé maravillas,
rompimos todos esos obstáculos
que teníamos,
y todo está hecho ya perfecto,
se puede ver la luz de sol radiante,
el horizonte abierto
a todas esas perfectas cosas de la vida.

Mi corazón exclama,
sin fe es imposible agradar a Dios,
y mi fe proclama,
con fe todo es posible,
qué maravilloso don,
regalo de Dios eres bendita fe
de mi vida y de mi alma.

TU MIRADA

Tu mirada, esa mirada tan especial que vi en ti,
esa primera vez que te conocí,
era una mirada que voló tan rápido
como si fuera una frágil palomita blanca
que se posó en su nido con tanta paz.

Sentí tu mirada como si me enviaras un rayo de luz
que llegó a iluminarme de luz radiante de alegría,
y llevándose por un instante esa oscuridad
de soledad latente de mi alma.
Tu mirada me hizo sentir un torbellino de ilusiones,
de esperanzas, sin medida y sin control,
y sonreí de una manera que me llenó mi alma
y corazón de felicidad.

Tu mirada parecía decirme algo,
pero no escuché tu voz, no habló nada,
aunque yo si sentí, como si me quisieras decir,
te aprecio, me gustaría poder platicarte,
así fue para mí tu bella mirada.

Al otro día te volví a encontrar, y una vez más
tu mirada me hizo sentir tan especial,
muy estimada, y se vinieron como olas del mar,
multitud de pensamientos en mi persona,
pero no me hablaste, no me preguntaste
ni siquiera mi nombre y pasaste calladamente.

Aprendí algo, que una buena mirada vale mucho,
quizás no pude escuchar palabras que latieron
en lo profundo de mis sentimientos,
de mis ilusiones y de mi soledad,
pero dieron a mi vida una enseñanza,
que la sinceridad de una mirada limpia
es de mucho valor.

GRACIAS

Me encuentro pensando y meditando
en las aguas del sentimiento de mi corazón,
en maravillosa palabra que pronuncio
casi al instante cada día,
tan fácilmente,
como gotas de lluvia que caen
a tierra para refrescar.

Mis labios te pronuncian tan instantáneamente
con esa nota musical de guitarra
que causa tanta alegría
dentro de lo profundo del alma.

Bendita palabra,
gracias,
te pronuncio una y otra vez
hasta que parece que estoy componiendo
un bello verso,
o quizás tal vez,
una canción
de mucho amor y sentimiento,
de inmensa gratitud.

Me pregunto,
palabra linda,
gracias,
tu efecto es como ver caer un relámpago,
tienes luces de felicidad,
tienes fuerza al sentimiento
del alma y corazón.

Gracias,
llegas a refrescar el sentimiento
cansado de la vida,
como cuando tienes un fuerte sol

que ha cansado tu ser,
y de repente cae esa bendita lluvia
que te refresca,
y qué maravillosa manera de refrescar,
pues da vida y da esperanza.

Gracias,
te he visto hoy
de una manera simbólica,
mi imaginación ha volado
como un bello cometa
que se eleva lleno de felicidad
al firmamento azul.

Te he visto como un hermoso árbol
que en cada una de sus ramas
parece escrito,
gracias,
con tanto amor
y agradecimiento.

Gracias,
palabra dulce,
palabra bendita,
eres como un maravilloso puente,
unes a cada uno
en un vínculo perfecto de amistad
y amor sincero
causando precioso ramo de felicidad
en cada día
y en cada amanecer.

EL AMOR SE ESFUMÓ

Amor,
eres tan bello,
me parece estar casi viendo
el mismo cielo azul
lleno de radiantes estrellas.

Amor,
que un día tocaste mi corazón
llenándolo de dulces notas de amor
llenas de tiernas melodías.

Amor,
que cada amanecer llenas mi alma
y corazón de lindas ilusiones,
me has hecho sentir
como conquistando todo el universo,
como ver luces resplandecientes,
que, al verlas,
mis ojos se llenan de gran felicidad.

Amor,
tu fuerza me ha hecho sentir
como si fuera esa princesa del cuento
que esperó a su príncipe,
que la tomó de su mano con tanto amor
para reinar juntos en un palacio
lleno de sublime amor.

Amor,
te he escuchado,
tus palabras han plantado
en el rinconcito de mi corazón
frutos muy dulces y gratos
llenos de cariño puro y limpio
como la nieve.

Amor,
un día no te vi más,
miré la hora que no marcó más
ese tiempo de felicidad que pasó,
te busqué en ese rinconcito del corazón,
pero solo había un quieto silencio,
ese precioso amor se había esfumado
y como vapor de humo dejó de existir

Entonces, palpitando mi corazón
y mis pensamientos me dije,
¿habrá bálsamo para ese amor?
¿habrá medicina que cure este dolor?
¿dónde buscarlo, dónde encontrarlo?

Mi corazón palpitó entonces fuerte,
y recordé a mi amigo de mi alma, Jesús,
él con su bendito poder tocó mi alma
y corazón, y sanó todo dolor
con su perfecto amor.

Sabes,
también mi precioso amigo del alma,
Jesús, me regaló un tesoro,
me regaló un ramo de amor muy especial,
sinceros amigos que han dado una vez más
melodía de amor a mi vida y corazón.

LA PALABRA

Palabra mía,
palabra de mis sentimientos,
de mi alma y de mi corazón,
debes saber cumplir
el propósito del valor de tu acción
en esta hermosa vida,
porque cada vez hay una misión
y una circunstancia de valor.

Palabra,
palabrita mía,
mi boca te expresa,
a veces con nostalgia de mis infortunios,
otras veces me toca el poder pronunciarte
para corregir el error
de una gran equivocación,
y lo más hermoso
es escucharte salir de mi boca,
con ese tono de dulce melodía
que alegra el corazón que la escucha.

Palabra,
algunas veces sales prometiendo
un cielo de ilusiones y esperanzas
que no se cumplen,
pues el viento tempranamente se las lleva,
y aunque,
tú las quieras poder alcanzar,
ya no se puede.

Palabras de mis sentimientos,
quiero que salgan de mi ser
sazonadas con sal
y con la gracia del amor,
de cumplir lo que se promete,

sin tardar que
palabras de mis sentimientos
edifiquen amigos
y cumplan las metas
y propósitos,
pues este mundo necesita
la solidez de la roca
que no se quiebre
y complete el propósito
de la esencia del valor,
de la palabra
y todo esto no es más que un nombre,
la palabra de verdad.

Palabra,
palabritas mías,
quiero que cada día brilles
como ese sol que alumbra el universo
cumpliendo su propósito de calentar
y alumbrar fielmente,
es así como quiero
que salgas a cumplir lo prometido.

LA NIÑA

Niña,
que tiene su mirada fija
mirando el firmamento,
como si quisiera encontrar
algo que se le ha perdido.

Niña,
que corre con alegría
buscando el calor de su madre querida,
el calor de un abrazo que la arrulle
como si fuera una pequeñita recién nacida.

Niña,
que pidió una linda muñeca al niño Dios,
pues su vida inocente quería jugar
a ser esa misma mami y sentir ese mundo
girando de risas y juegos.

Niña,
que aprendió de los juegos de la vida,
de cada día el sonar
de la verdad de la vida misma,
ese sonar que escucha
la voz del respeto a sus padres,
a sus hermanos, a sus maestros
y a sus inseparables amigos
que hicieron pilares de fuerza en su caminar.

Niña,
que pudo apreciar esos pilares
que no son nada más
y nada menos que sus amigos
que la rodearon con tanto amor
y con tanta alegría cada día.

Niña juguetona del tiempo,
que cada día sembraste
aroma de sutil fragancia de flores,
perfumaste a tu alrededor
el camino de tus amigos
con el precioso aroma de niña
llena de bondad y amor.

Niña,
que ya grande te luce ese nombre de niña
por tu dulce manera, por tu amable corazón,
y por tu alma pura, bella de niña
que ama con amor y sinceridad.

Hoy, ciertamente,
eres una mujer muy maravillosa
que todavía los de tu casa te llaman niña,
porque te ganaste en tu caminar limpio
y blanco como la nieve,
ese recorrido largo de la vida,
donde pusiste tu voz como un trino de pajaritos,
tus palabras fueron bien gratas y amables,
tus maneras de tratar como fresca brisa
que acaricia el viento
y tu risa de pura melodía.

Niña bonita, niña del barrio,
la juguetona que supo sembrar el amor
en los corazones de esos amigos de su niñez,
y hoy recoges de tu andar limpio de niña,
la cosecha del buen nombre,
la cosecha de ese amor
que tu misma vida sembró
con tanta bondad y amor.

LA PALOMA

Quisiera ser tan libre
y volar como una paloma,
volar tan libre y cruzar
este maravilloso universo.

Sí, quisiera ser esa paloma
que te pueda llevar hasta esa frontera
que nos separa a ti y a mí
en este vasto mundo
para poder llevarte una simple
palabra de aliento,
de esperanza,
de consuelo y de amor.

Me digo,
por qué no puedo ser
esa paloma que vuela,
por qué no puedo cruzar
ese espacio y estar junto a ti
en un instante.

Entonces,
elevé mis pensamientos y llegué
a lo profundo de mi ser y conciencia,
y me encontré una sabia respuesta,
no eres una paloma,
sabes que eres una criatura de Dios,
formada a su imagen y semejanza.

Y me digo a mí misma deja de soñar,
ya no eres una niña,
ya pasó tu etapa de fantasías,
hoy toca luchar, esforzarte
y ganar todo al ritmo del reloj
y del tiempo.

Bueno,
me dije a mí misma,
es verdad,
no soy esa paloma
que vuela tan fácil
en un cielo azul
esplendoroso.

Fue entonces que comprendí
que dentro de mi espíritu
había una total libertad
al igual que la libertad de volar
de mi sueño imaginario
de querer ser una paloma.

Sí,
libertad para pensar,
libertad para decidir,
libertad para hacer
un ramillete de ilusiones,
libertad para amar
con el amor maravilloso de Dios.

Entonces dije al pensar
en querer ser una paloma
puede que haya pensamientos
que vuelan y valen mucho
en nuestra vida preciosa.

EL POETA

Poeta, hombre de calma,
hombre sabio que ama tanto
la belleza de las letras
y su grandeza de expresión y valor.

Poeta, late tu corazón
con un especial ritmo de fuerza,
de armonía, como queriendo conquistar
siempre el alma y corazón,
como queriendo consolar, tal vez,
el sufrimiento existente y queriendo poner
ese toque faltante de alegría al alma.

Poeta, muchas veces te han ignorado,
piensan que tus bellas letras no tienen valor
y que son aburridas, es que no entienden,
no saben desmenuzar la belleza de esas letras
que traen un mundo de ilusiones, de alegrías,
de magia que le dan tanto a tu vida,
o la mía tanta felicidad y pensamiento.

Poeta, tu pluma ligera de escribiente
enciende una luz en el alma del que te aprecia,
una luz que enseña la belleza de tus escritos
y de tus poemas en general.

Poeta, tus poemas son también
como un ritmo de la música más linda
y exquisita en el alma y en el corazón.

Poeta, eres un tesoro en este maravilloso mundo,
con tu pluma ligera, y con esas letras de oro
que salen de tu corazón.

LA CRUZ DE CRISTO

Hermosa cruz de Cristo
hecha de madera,
tan especialmente perfecta,
deslumbras con tu luz los ojos
de todo aquel que admira tu belleza.

Cruz, cuelgas simbólicamente
con un gran significado de amor
en el cuello en forma de cadenita,
algunas veces en oro,
y quizás en otras de plata,
en aquellos que tienen en sus corazones
con amor tu cruz, Cristo precioso.

Cruz divina de Cristo,
meditando en tu forma he encontrado
que tu forma es perfecta
desde todos los ángulos,
la miré vertical y su bella forma es recta,
luego observé su forma horizontal,
y descubrí es recta también.

Entonces,
pudo la meditación de mi corazón
ver que tu forma de cruz admirable
y preciosa de Cristo Jesús
en la que fuiestes clavado,
es de tan perfecta forma hecha,
así como la palabra de tu padre Celestial
que es pura y perfecta.

Cruz de Cristo,
hoy tienes el mismo símbolo de perfección,
el de sublime amor,
pero también has ganado el amor

de las almas de aquellos que miraron
el tesoro de amor de tu vida,
que fue un día clavada en esa cruz,
cuan precioso es hoy aún
mirar tu cruz, precioso Jesús.

Cruz de Cristo,
cuanto inmenso valor tienes con tu luz
de amor admirable,
a través de los ojos de la fe
podemos tomar caridad, esperanza
y, sobre todo, esa fuente de amor
que fluye sin cesar,
sin parar de aguas que saltan
para vida eterna,
Cruz preciosa de Cristo, hijo de Dios,
eres tan sublimemente resplandeciente
que toda tu brillantez de luz
nos habla de ese gran amor
que nos ha dado salvación eterna.

CAMPESINO

Campesino, hombre fuerte y valiente que mira
con tanto amor la tierra para labrarla,
para sembrar los granos que darán pan
y alimentos para poder comer.

Campesino, que se compromete a sembrar y cuidar
esas tierras para tener abundantes graneros
que satisfagan una ciudad o un pueblo.

Campesino, te levantas temprano al cantar el gallo,
y no te importa si el fuerte sol quemará tu piel,
porque fielmente estas ahí, cuidando las tierras
con amor y corazón fuerte.

Amas, tú, hombre, admirable campesino,
el sembrar esos benditos granos, ya sea arroz,
cebada, frijol, que ha de llevar el pan de cada día
a la casa del pobre, como a la del rico.

Campesino, algunas veces eres ignorado
por la sociedad, porque tu vestuario no es un traje
de elegancia, tampoco tus zapatos calzan
a esos zapatos de lujo, y creo que eso no es justo.

Pero tú, hombre especial, campesino,
eres ante los ojos de Dios de mucha estima,
y ante aquellos que sí te aprecian
por esas manos esforzadas y maravillosas
que aman tanto las tierras
y el valor de esos granos
que traerán pan a la mesa
fielmente cada día en abundancia.

LA VIDA AÚN SIGUE SIENDO BELLA

Vida me ha dado Dios, mi Creador,
mi Padre que está reinando en el cielo.

Empecé mis primeros años igual a un árbol
que se planta en un campo para verlo crecer
esperando ver que pueda dar buenos frutos
al pasar de los años.

Vida mía, dada por Dios,
hoy yo también he crecido igual a ese árbol,
mis frutos no son mangos ni piñas,
ni naranjas dulces,
mis frutos son todavía mas hermosos
que con el cultivar de la vida misma
lo he conseguido, ha costado algunas veces
muchos sufrimientos, angustias, desvelos,
pero la cosecha esta ahí.

Que cosecha es esta, la fe, la esperanza,
la bondad, y, sobre todo, el amor,
pero vida mía bella, he ganado una riqueza
mayor que el oro y la plata,
mis preciosos amigos que me has dado,
tú, vida mía, ellos han conquistado
mi corazón ymi amistad.

La vida sigue siendo bella, pues en cada día
hay un sonar de melodía que pone un corazón
a soñar y soñar sueños hechos realidad.

PENSAMIENTOS

Pensamientos corren en la mente,
parecen gotas de agua cayendo sin cesar
y que no se pueden detener.

En un momento siento
como si estuviese flotando
en el espacio de este precioso universo,
flotando en una nube celestial.

Mi pensamiento tomó una forma,
una preciosa forma de amor,
el de un bellísimo corazón.

El corazón de mis pensamientos
se llenó de una fragancia sutil,
esta fragancia se llama amor.

Amor al buen pensar,
amor al decidir,
amor para hacer
lo bueno cada día.

Florecieron los pensamientos,
es como el más maravilloso jardín,
pues valio la pena
ver correr esos pensamientos,
hoy tienen un nombre...
serenidad, paz y amor.

EL CAMINO DEL CAMINANTE

Caminante que buscas con tus pasos
encontrar nuevos caminos,
nuevos lugares
como el ansia de tu garganta
por tomar ese ansiado trago de agua
después de un caluroso caminar.

Caminas por una playa
buscando encontrar un descanso,
y tus ojos encuentran un precioso deleite
al contemplar la majestuosidad del ancho mar,
sin limites ni fronteras.

Caminante,
los caminos por recorrer son muchos,
parece que en tu afán
quisieras recorrerlos y caminarlos,
conocer sus riquezas,
pero esto no es posible,
porque son muchos por andar.

Caminante,
tus fuerzas están muy débiles,
tus pasos firmes se han debilitado en el camino
y te quedas temblando de angustia en tu caminar,
pensando en cómo seguir
esta jornada de la vida.

Parado en el camino,
casi desmayando,
viene una luz de fe
y fuerza a tu corazón,
y te recuerdas que aún tienes una llave,
una llave de oro
y preciosa la oración de fe.

Con tu luz de fe encendida en el camino,
caminante,
haces tu preciosa oración,
y al instante recobras tus fuerzas y vigor,
y se abre una nueva puerta
en el horizonte del camino.

Caminante,
tu respuesta llegó
con esa luz brillante de fe,
confianza en la oración a Dios,
tu fuerza es tal que pareces
como si fueras un hermoso caballo
que se prepara para la carrera
y ganarla hasta alcanzar un premio,
el mejor de los premios.

Es entonces que has conocido
que la lucha de la jornada de la vida,
del caminar,
siempre se puede superar,
cada vez cumplir unidos a un Dios
que nos ama
y da victoria
en cualquier camino de esta vida.

PAPÁ

Viene a mi recuerdo tu persona, querido papá,
evoco tu persona, ese hombre
que Dios hizo tan perfecto para mí,
para que yo pudiera nacer
y para que yo tuviese existencia.

Papá, te busco y no estás hoy conmigo,
pues te fuiste de este vasto universo al cielo azul.
Papá, no puedo correr y llegar a buscarte
en donde tu te encuentras hoy descansando,
pero sabes, si tu pudieras al menos escucharme
te contaría que vives en una forma las huellas
de tus preciosos recuerdos.

Tus huellas tocan profundamente mi corazón,
esas huellas de amor
que mueven de la misma manera
que un reloj la hora perfecta.
Qué hora perfecta,
me preguntarías si tu estuvieras aquí,
yo alzaría mi voz
con toda emoción y amor
para decirte, sí, la hora perfecta.

Papá, tu fidelidad marcó siempre
la hora perfecta para cuidarme,
para sentarte conmigo y enseñarme el valor de la vida,
para llenar mi vida de alegría
que dejaron preciosos momentos inolvidables.
Papá, tu nombre brilla,
tal cual oro en mi corazón,
pues tus huellas de amor, aunque tú ya no estás,
aquí viven dentro de mi ser y corazón con tanto amor.

LÁGRIMAS

¿Por qué salieron lágrimas de mis ojos?,
mi corazón me dice una saeta,
cual pájaro herido llegó a darme dolor.
Alma mía de mi corazón, de mis entrañas,
¿qué te hizo así sufrir de esta manera?,
te vuelvo a preguntar.

Quise volar, tal cual pájaro, pero una palabra
llegó a mi corazón hiriéndolo profundamente,
causando una herida, y mi pobre corazón,
tal cual cántaro se quebró,
y vinieron mis preciosas lágrimas.

Era mi dolor de mi pobre alma, llena de una melancolía
que sentía que agonizaba de tristeza mi corazón.
Entonces, llegaron en mi ayuda a levantar mi vida
y alma de ese dolor, llegaron mis preciosas lágrimas,
tal cual ungüento, tal cual bálsamo,
y curaron ese dolor en un instante.

Ahora sé que mis lágrimas tienen un valor maravilloso,
no las puedo comprar, pero son un tesoro interno
de mi precioso ser, y son parte eterna de mi vida
para darme consuelo, y algunas veces será
para darme abundante felicidad, como solo ellas
en su secreto tiempo saben hacerlo y entenderlo.

LA PAZ

Salgo por las calles, me paro por las esquinas,
preguntando si han visto pasar la paz,
que no la puedo hallar, sigo caminando por los valles,
por las montañas y alzo mi voz paz donde estás.

Elevo mis ojos al cielo azul y mis ojos se topan
con el volar de una multitud de pajaritos
que vuelan todos muy unidos en el cielo azul,
causa esto un consuelo en mi búsqueda por la paz.

Paz, la gente llora de tristeza,
de tu falta de ver la tierra manchada de roja sangre
que empaña su belleza.

Paz, dónde te has marchado,
quizás a una tierra muy lejana y escondida,
cómo puedo agarrarte y tomar el aliento
de tu paz, dime, por favor.

Al fin encuentro una respuesta,
un ángel me susurra, me habla con una voz llena de paz
y tiemblo al sentir su presencia, y me dice,
la paz que buscas está al lado de aquellos
que obedecen y aman a Dios, pues solo él
puede dar esa paz que tantos buscas,
solo en él hay perfecta paz abundante, sin límites.

LA LLUVIA

La lluvia llegó sorpresivamente un día
y descendieron torrentes de aguas,
que mojaron todo a su paso.

En ese mismo instante,
de mis ojos salieron lágrimas
que parecían estar mis lágrimas unidas
a la torrencial lluvia, porque ese mismo día,
en ese mismo instante pasaba mi ser
un desconsuelo muy grande.

Quisiera que esa lluvia se hubiese llevado
todo mi infortunio, que lo hubiese limpiado
así como esa limpia lluvia cayendo
que me visitó ese triste día reinante.

Pero no fue así, solo que en mi espíritu
oí una voz que me decía, no temas,
ese dolor se quitará en mi tiempo, y solo yo,
tu padre, puedo parar todo perfectamente,
yo te sanaré tu dolor en mi tiempo.

Y tuve maravillosamente un milagro,
paró la lluvia y se secaron mis lágrimas,
y ese dolor dentro de mí tuvo un giro tan diferente,
y en lo profundo de mi ser vino una dulce paz.

La lluvia dejó una huella
que hoy la puedo traer a la memoria,
los tiempos todos tienen un principio y un final,
donde el ganador debe saber esperar
y debe pararse en fe
en medio de las lluvias y tormentas.

EL MAR

Miro, mar,
tus profundas aguas,
tus profundas olas
que se levantan una y otra vez,
sin poder decir,
ya me cansé de su vaivén
sin poder parar.

Mar,
que reinas majestuosamente,
quiero decirte un secreto,
haces así mismo,
al instante,
inspirar mis pensamientos,
mis ilusiones,
al unisono del movimiento
de tus bellas olas agitadas,
como si me diesen
el mejor de los aplausos.

Querido mar,
maravilloso mar,
eres rico en tus profundidades,
das de comer esos peces
tan ricos y nutrientes,
y das una belleza extraordinaria
con esos otros peces que decoran
una lujosa pecera
y hasta a mi casa llegaste
enseñado tu gran belleza y riqueza.

Mar,
si tu pudieras mirar,
verías cuánta felicidad das
a esta bella humanidad.

En mi vida has,
tú, querido mar,
dejado maravillosos recuerdos
que no los puedo yo enumerar,
pues son tantos
y tan preciosos,
como tu preciosa arena del mar.

Mar,
eres ese mundo mojado
de lindas aguas,
cargado de multitud de tesoros.

Mar,
tú eres muy especial,
nadie te puede igualar.

Mar precioso,
tú eres creación divina de Dios,
nada ni nadie lo puede negar,
tienes ese temple majestuoso
de belleza inigualable,
venturoso mar.

ACERCA DE LA AUTORA

María Esperanza Pérez Alfaro nació en Nicaragua el 02 de enero de 1955 y tuvo cuatro hermanos y cuatro hermanas. Su formacion de kinder a bachillerato fue en el colegio "Pureza de María", colegio católico de monjas. Se graduó en 1970 de secretaria comercial en el Instituto de Ciencias Comerciales en Managua, Nicaragua. Asimismo, estudió cursos bíblicos completados todos en "La Voz de la Esperanza", en 1973 en Nicaragua, y también, viajó a cursos bíblicos y conferencias en Ohio (1974 - 1975). Actualmente, participa en grupos literarios virtuales en Facebook, en donde da a conocer su estilo poético, a través de sus letras.

AGRADECIMIENTOS

Agradezco a Dios con todo mi corazón por mi salvación y por darme ese talento de escribir sobre su bondad, su cuidado y amor hacia mí y mi familia. Asimismo, por darme muchos amigos sinceros, maravillosos y leales en todo el mundo.

CONCLUSIÓN

Mi propósito al escribir este libro es dar a conocer que no debes de rendirte nunca, ya que siempre habrá una salida, una esperanza, una mano amiga para ayudarte en tu jornada cotidiana. En esta vida todavía hay bondad, buenas personas, y, sobre todo, la fidelidad de Dios con su infinito y maravilloso amor y poder, porque con él todo es posible.

ÍNDICE

97021000R00056